Tiere
Animals

Die Kuh

The cow

Der Hund

The dog

Die Henne

The hen

Das Zebra

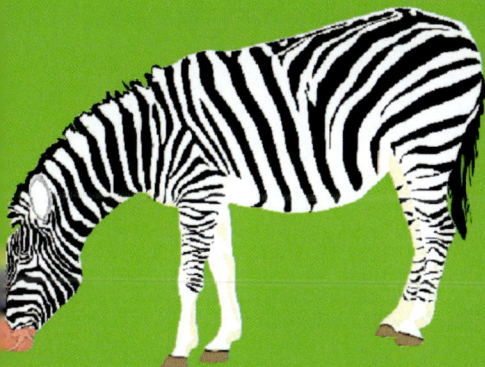

The zebra

DIE SCHMETTERLINGE

The butterfly

DIE SCHAFE

The sheep

Der Papagei

The parrot

Das Kaninchen

The rabbit

Die Spinne
The spider

Die Taube

The dove

Der Frosch

The frog

Der Skorpion

The scorpion

Die Maus

The mouse

Die Katze

The cat

Die Biene

The bee

Die Ente

The duck

Die Ziege

The goat

Die Hirsche
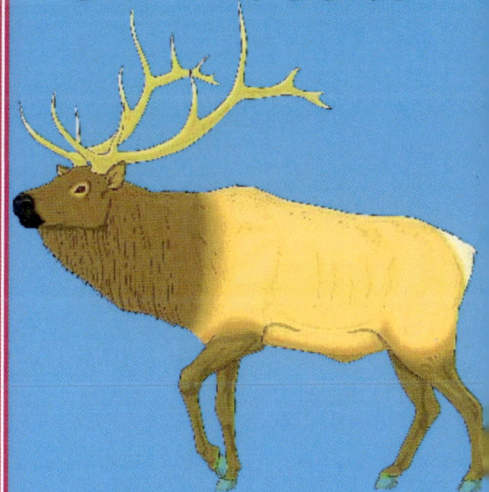
The deer

Der Fisch

The fish

Die Schildkröte

The turtle

Das Walross

The walrus

Der Elefant

The elephant

Der Rabe

The Raven

Das Pferd

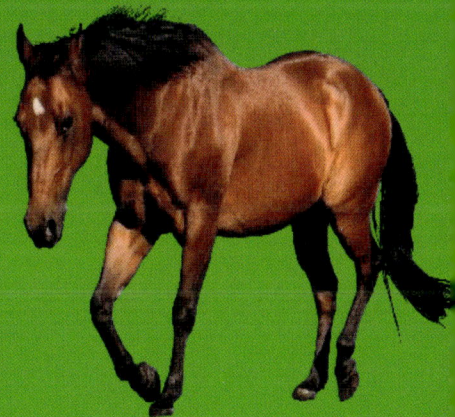

The horse

Der Hai

The shark

Der rosa Flamingo

The pink flamingo

Der Jaguar

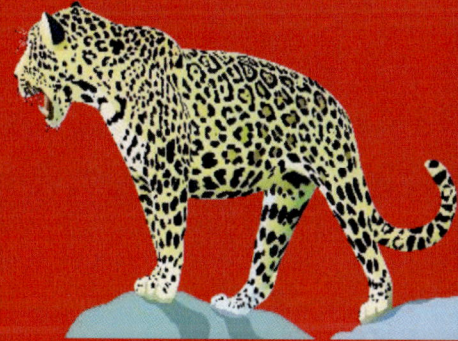

The Jaguar

Der Wal

The whale

Die Möwe

The seagull

Der Adler

The eagle

Der Panda

The panda

Die Eule

The owl

Das Rhinozeros

The rhinoceros

Die Krabbe

The crab

Der Hahn

The rooster

Der Oktopus

The octopus

Die Fliege

The fly

Das Känguru

The kangaroo

Der Hamster

The hamster

Der Waschbär

The raccoon

Der Marienkäfer

The ladybug

Der Dinosaurier

The dinosaur

Das Kamel

The camel

Die Fledermaus

The bat

Die Gazelle

The gazelle

Die Giraffe

The giraffe

Die Schlange

The snake

Der Gorilla

The gorilla

Der Dodo

The dodo

Der Tiger

The tigre

Der Truthahn

The turkey

Das Chamäleon

The chameleon

Die Libelle

The dragonfly

Der Storch

The stork

Das Rotkehlchen

The red-robin

Der Seestern

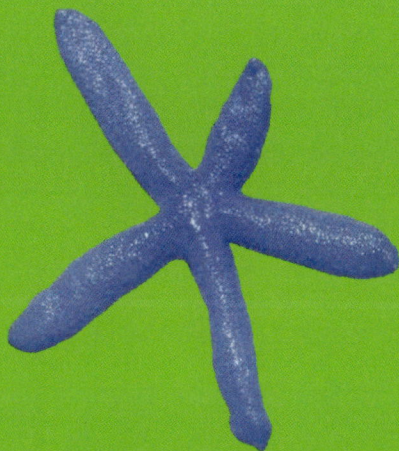

The starfish

Das Krokodil

The crocodile

Die Dichtung

The seal

Der Delphin

The dolphin

Die Meeres-schildkröte

The sea turtle

Der Schimpanse  **The chimpanzee**	**Der Löwe**  **The lion**	**Das Löwenjunge**  **The lion cub**
Das Faultier  **The sloth**	**Der Stier**  **The bull**	**Der Puma**  **The puma**

Der Bär

The bear

Der Tukan

The toucan

Das Nilpferd

The hippopotamus

Der Biber

The beaver

Der Eisbär

The polar bear

Der Goldfisch

The goldfish

Das Lama

THE LAMA

Der Wiedehopf

The hoopoe

Der Vogel

The bird

Der Koala

The koala

Der Pinguin

The penguin

Der Mungo

The mongoose

Die Ameise

The ant

Der Ameisenbär

The anteater

Der Wolf

The wolf

Der Grashüpfer

The grasshopper

Der Affe

The monkey

Die Gans

The goose

Der Esel

The donkey

Der Pfau

The peacock

Das Lamm

The lamb

Das Küken

The chick

Die Schnecke

The snail

Das Gürteltier

The armadillo

Der Pelikan

The pelican

Das Schwein

The pig

Der Wurm

The earthworm

Das Eichhörnchen

The squirrel

Der Igel

The hedgehog

Der Fuchs

The fox

Der Hippocampus

The hippocampus

Der Welpe

The puppy

Schwertfisch

Swordfish

Der Seeigel

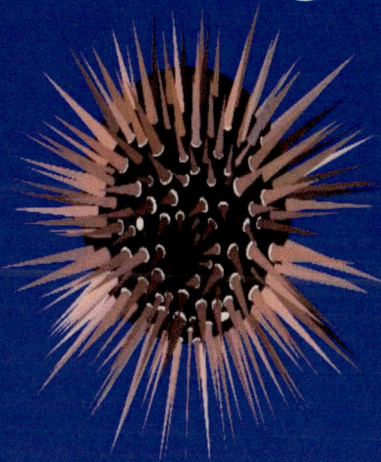

The sea urchin

Der Papageientaucher

The puffin

Die Stechmücke

The mosquito

DER BAUERNHOF

THE FARM

Contact:what2000az@gmail.com

Made in the USA
Las Vegas, NV
14 May 2022

48852127R00024